Ilumionuras
NC45

As obrigatórias metáforas

Joaquim Brasil Fontes

AS OBRIGATÓRIAS METÁFORAS

Apontamentos sobre
literatura e ensino

ILUMI//URAS

Copyright © 1999:
Joaquim Brasil Fontes

Copyright © desta edição:
Editora Iluminuras Ltda.

Capa:
Fê
sobre *Scène d'intérieur accompagnée de joie subite* (1951), Dorothea Tanning. Coleção William N. Copley.
Foto de Joaquim Brasil Fontes: Alex Nucci.

Revisão:
Rose Zuanetti

Composição:
Iluminuras

Fotolitos de capa:
Tel.: (011)270-6570

ISBN: 85-7321-097-4

1999
EDITORA ILUMINURAS LTDA.
Rua Oscar Freire, 1233
01426-001 - São Paulo - SP
Tel.: (011)3068-9433 / Fax: (011)282-5317
E-mail: iluminur@dialdata.com.br
Site: http://www.iluminuras.com.br

SUMÁRIO

...Contínuo e descontínuo, teórico e prático, arqueológico e contemporâneo... 11
Emília Amaral

Gramática, Texto e Retórica 27

As Obrigatórias Metáforas 49

A Boa Comunicação 63

O Insustentável Prazer do Texto 73

À Emília

... *CONTÍNUO E DESCONTÍNUO, TEÓRICO E PRÁTICO, ARQUEOLÓGICO E CONTEMPORÂNEO...*

Emília Amaral

Nesta obra de Joaquim Brasil Fontes, há quatro peças cuidadosamente interligadas. São elas Gramática, texto e retórica, As obrigatórias metáforas, A boa comunicação *e* O insustentável prazer do texto. *Em vez de me referir de modo genérico às contribuições que tais peças me parecem trazer aos professores e estudiosos de língua e literatura de todo o país, gostaria de me deter em cada uma delas para apontar alguns aspectos que considero particularmente interessantes.*

O primeiro é que formam um conjunto, articulado com uma fineza que merece especial atenção; o segundo é que também se trata de um conjunto, no sentido de que conjugam informação e formação, *uma vez que se utilizam de certa "arqueologia", quase sempre pertencente a espaços exclusivamente acadêmicos, para iluminar questões práticas e quotidianas, com as quais se defrontam nossos educadores. Finalmente, gostaria de destacar a principal qualidade do trabalho, o fator preponderante da sedução que exerce: esta obra não* enforma, *isto é, desconfiando de soluções fáceis e problematizando modismos, em vez de subestimar a inteligência e a sensibilidade do leitor, ela de fato aponta caminhos, instiga reflexões, amplia horizontes.*

Em Gramática, texto e retórica, *o autor traça um paralelo entre a Europa e o Brasil, enfocando duas cenas que pertencem ao mesmo momento histórico: o Renascimento. Ei-las, parafraseadas:*

Em 1549, enquanto na França um texto exemplar equipara o idioma vernáculo ao grego e ao latim, instaurando o programa revolucionário do humanismo renascentista, seis missionários jesuítas, chefiados por Manuel da Nóbrega, desembarcam com a frota do primeiro Governador Geral do Brasil. São eles nossos primeiros professores de gramática e letras.

Em consonância com tal abertura, em que se superpõem realidades distintas, mas como sabemos, interligadas, o texto estuda o projeto pedagógico da Companhia de Jesus, inicialmente explorando-o no contexto europeu.

Destaca, então, o papel ambíguo que exerceu na organização do saber, uma vez que, se por um lado precisava combater a euforia racionalista da época, por outro "consegue recuperar uma forma de humanismo, no momento em que a unidade espiritual do Ocidente se quebra, e a função do latim como língua internacional começa a enfraquecer. É entre os jesuítas, um século mais tarde, que se encontram as forças que perpetuam o espírito barroco. É a partir de e contra o espaço pedagógico criado pela Companhia de Jesus, e ainda atuante no século XX, que reflete e cria o mais revolucionário dos autores do século: James Joyce".

Após esta inserção dialética do tema, há o movimento de retorno ao outro recorte, anunciado na cena de abertura: o autor detém-se no ensino jesuítico praticado nos primórdios da colônia, explicando seu cunho medieval e passadista, através da análise da doutrina tridentina das sete artes liberais.

Com raízes na Antigüidade Clássica e formulação definitiva nos primeiros séculos da Idade Média, o Septenium *organiza-se em dois grandes blocos: o* Trivium *(Gramática, Dialética, Retórica) e o* Quadrivium *(Música, Aritmética, Geometria, Astronomia).*

Do primeiro, destacam-se a Gramática e Retórica, ou seja, uma ciência da língua, de cunho essencialmente normativo, e uma ciência da literatura, preocupada sobretudo com os cuidados referentes ao estilo.

Nos dois casos, em que será centralizado não apenas este texto, mas toda a obra, começando a esboçar-se seu mencionado caráter de todo articulado, Joaquim Brasil

Fontes aponta alguns equívocos, cujos ecos ainda encontramos, em nossos dias, em grande parte do material didático de português: o idioma (no caso, o latim) estudado pela Gramática é uma "ficção atemporal", um instrumento de comunicação abstrato, pois ignora a língua como prática histórico-social. Por sua vez, os textos literários, selecionados com fins didáticos, convertem-se, tanto quanto seus autores, devidamente edulcorados pela instituição escolar, em verdadeiros cânones; "fontes de saber e de conduta moral"...

*Sobre os cuidados referentes ao estilo, ou seja, as figuras de linguagem, o autor aborda o assunto, no contexto da disciplina a que originariamente pertence, a Retórica. A recuperação arqueológica da Retórica, retomada e aprofundada no texto seguinte (*As obrigatórias metáforas*), rastreia sua importância na Antigüidade, sua expulsão do ensino na Idade Média e seu ressurgimento, promovido pelos Jesuítas, ao longo do século XVI, quando a força da palavra persuasiva torna-se componente indispensável na luta contra os ideais renascentistas.*

"A Organização e Plano de Estudo da Companhia de Jesus — Ratio Studiorum *— é de 1586; em 1600 é adotada pela Universidade de Paris e logo invade os colégios europeus. Sua força talvez provenha da identidade, em sua ideologia, de uma disciplina escolar, de uma disciplina do pensamento e de uma disciplina da*

linguagem (Roland Barthes). A Retórica, matéria nobre, organiza e justifica um tipo de ensino que dominará, durante séculos, a escola brasileira".

Ao descrever o funcionamento do ensino jesuítico na colônia, quando visava precariamente apenas a catequese e a formação de sacerdotes, o autor enfoca o momento em que se consolida (1583) — inaugurando uma tradição de escola brasileira — e apresenta 'o currículo escolar da pedagogia do Ratio Studiorum: *5 classes (3 de gramática, 1 de retórica e 1 de humanidades), com o latim como disciplina central e os autores antigos como modelos de estilo.*

O esboço permite-lhe passar ao que mais especificamente pretende expor: o estudo da prática pedagógica do texto, que se fundamenta na preleção, *isto é, a explicação dos textos e dos autores, que se dá em moldes extremamente rígidos.*

Assim, mostra que o domínio da Retórica nesse sistema choca-se com sua escolha de autores e textos antigos, abordados com ênfase em regras e normas gramaticais, e repletos de "verdades eternas e pré-existentes", que os professores "traduzem" e os alunos "assimilam" e "parafraseiam".

No desfecho, quando analisa o declínio desse modelo pedagógico, altamente comprometido com a manutenção da ideologia tridentina, e portanto destinado a desaparecer, o autor refere-se, de passagem, à idéia de que, com a superação do ensino medieval e o advento, desde a Revolução Francesa, da valorização das línguas nacionais, na verdade parece "ter havido a substituição de uma abstração por outra...". Esta idéia, como se verá, é pano de fundo do trabalho subseqüente: As obrigatórias metáforas.

Aqui, a pesquisa arqueológica do tema — e do problema — a ser investigado é precedida da seguinte consideração: retalho da cultura clássica integrado à força (e às vezes com apelo a uma terminologia lingüística) a uma nova prática social da comunicação no ensino de fundamental e nos manuais (na intersecção de Gramática e Literatura), constitui um assunto atópico, além de diluir-se numa lista de definições estanques e precárias.

A partir dela, o aluno de 2º grau é forçado a identificar metáforas, metonímias e catacreses em fragmentos textuais escolhidos para este fim, como se assim estivesse reconhecendo os recursos estilísticos que caracterizariam este ou aquele autor, esta ou aquela escola literária.

Na modestamente anunciada "pequena revisão histórica do problema", Joaquim Brasil Fontes parte de Platão e Aristóteles, Cícero e Quintiliano, para marcar o sentido político do estudo da tekhné rethorikhé *na Antigüidade, contextualizando-o e reconstituindo o aparelho retórico, com suas cinco operações básicas: inventio, dispositio, elocutio, actio, memoria.*

Em seguida, detém-se na Modernidade,

a fim de analisar o processo de desfiguração sofrido pela retórica antiga a partir do início da Idade Média, e também sua progressiva assimilação — que ocorre de forma fragmentada, redutora e por essas razões "perversa" — por outros campos do saber.

Fato-exemplo inquietante, a própria noção de "desvio" (do sentido literal ao sentido figurado), que constitui a chave para o estudo das figuras (conforme a classificação de Pierre Fontanier), desvia-se *de seu sentido original nos manuais didáticos, "em que o que sustenta a teoria das figuras é seu apoio na afirmação de uma ordem lingüística e na garantia de uma separação entre linguagem e pensamento".*

E o autor faz nova ponte com o próximo texto/fragmento do todo. Ela pode ser sugerida por meio da seguinte frase conclusiva/provocativa: "A retórica, em função do lugar que ocupou no velho trivium, constitui uma espécie de inconsciente do ensino de língua e literatura que praticamos ainda hoje".

Sintomaticamente intitulado A boa comunicação, *o texto que se segue realiza trajetória inversa e complementar às* Obrigatórias metáforas. *Trata-se agora de desvendar o percurso pelo qual o desgastado tópico das funções da linguagem, fragmento de vulgata lingüístico-semiológica tão presente nos manuais escolares quanto os fragmentos da retórica, foi sendo simplificado e empobrecido, até converter-se na banalidade dos exercícios que convidam os alunos a adivinhar "qual a função predominante" nesta ou naquela "mensagem".*

Em tom de fechamento de mais uma etapa de seu trabalho, Joaquim Brasil Fontes constata: "o manual didático e a escola de 2º grau passaram a utilizar a lingüística estrutural e sua herdeira, a semiologia francesa, no momento em que seus fundamentos começaram a ser questionados (...). O mais grave, entretanto, é que essa assimilação de conceitos e noções se faça por intermédio de caricaturas e que o manual didático as incorpore simplesmente a uma visão historicista, normativa e mecanicista dos fenômenos da linguagem".

Isso posto, pensemos no outro lado da moeda: diante de tal contexto teórico-pedagógico, que mistura trechos de alfarrábios da retórica antiga com diluições de modernas teorias lingüísticas e literárias, criando uma metalinguagem de procedência e horizontes diferentes, como encaminhar a questão da leitura?

Em outras palavras, como inserir nesta discussão uma recente reflexão pedagógica, de cunho progressista, que insiste em converter O prazer do texto *em principal arma de combate contra a resistência dos alunos à literatura?*

Este é o título do último texto da obra. Nele, o autor disseca um velho debate aparentemente de natureza estética, mas que é, na verdade, político e ideológico. Trata-se de uma oposição antológica ("os poetas devem agradar ou instruir?") que se renova a partir da década de setenta, quando Roland Barthes publica o ainda perturbador (e fascinante, acrescenta) Le plaisir du texte.

Reagindo aos iconoclastas conceitos barthesianos sobre texto de prazer/texto de gozo, literatura/escritura, dentre outros cuja significação profunda o autor examina e elucida, neste contexto a oposição tem sentido inverso, em relação aos termos com que a vimos aparecer na escola. Ou seja: a prática lúdica da leitura é vista como reacionária e irresponsável pelas correntes de esquerda, que por sua vez postulam uma leitura que, "transformando o homem, transforma o mundo".

A propósito do debate, Joaquim Brasil sobretudo nos lembra que "toda oposição absoluta e irredutível entre dois termos — no caso, prazer e trabalho, arte e conhecimento — é sempre, em última instância, metafísica".

E acrescenta: "Como se o prazer fosse coisa simples!". Em seguida, explicita e demonstra o que ressoa desde a página de abertura de As obrigatórias metáforas, *rastreando, mais que* Le plaisir du texte, *suas referências básicas, seus intertextos fundamentais: Freud, Lacan, J. Kristeva, Sade, etc.*

Lançando mão destes pilares da Modernidade, o autor a sintetiza, naquilo que lhe é constitutivo — a transgressão das noções burguesas de sujeito, de cultura e, naturalmente, de literatura; a fragmentação, a descontinuidade, a desconstrução —, enquanto

"nossa pedagogia literária repousa ainda sobre um esquema que é, essencialmente, o do século XIX. Suas referências básicas: o sujeito, a cultura, a história pacificada".
De maneira que pode afirmar:
"Chegamos ao paradoxo. Continuaremos perplexos, se não fizermos vir à tona alguns elementos recalcados ao longo desses debates e que, na escola, têm sido sistematicamente apagados quando se impõe a questão do prazer. Como falar nisso, que implica relação entre leitor e texto, se ainda não discutimos a própria noção de sujeito na sociedade capitalista? Se não nos perguntamos sobre o lugar ocupado, no mundo moderno, por esse conjunto de textos, aos quais nos habituamos a dar o nome de 'literatura'?

Temos que pensar a 'literatura' não em sua essência impossível, mas no movimento histórico que a 'criou' para nós e a transforma continuamente, a partir do advento do mundo burguês. Pensar a literatura no confronto com os outros sistemas de signos; a literatura no jogo com os outros modos de produção de bens simbólicos, como a Indústria Cultural."

Ao abordar especialmente o ensaio a respeito de O insustentável prazer do texto, *interrompo minha leitura e compreendo em que sentido as quatro peças desta obra desde o início me pareceram formar um todo/um texto/um* saber sobre, *ao mesmo tempo contínuo e descontínuo, teórico e prático, arqueológico e contemporâneo.*

A meu ver, o autor conseguiu produzir um tipo de escritura que pertence de forma visceral ao debate sobre literatura e escola, que tematiza. Pois nela "o prazer não implica facilidade, ele é trabalho e procura e construção: o prazer da leitura não se separa do prazer da escritura. Quem escreve é o primeiro leitor de si próprio".

> # AS OBRIGATÓRIAS
> METÁFORAS

As obras-primas da língua francesa são os discursos de distribuição de prêmios dos liceus, e os discursos acadêmicos. Com efeito, a instrução da juventude é talvez a mais bela expressão prática do dever, e uma boa apreciação das obras de Voltaire (aprofundai a palavra apreciação) é preferível a essas próprias obras. —Naturalmente!

Lautréamont

GRAMÁTICA, TEXTO E RETÓRICA[1]

---
1) *Educação e Sociedade*, n. 12, set. 1982, Cortez Editora.

O Brasil no Renascimento

No ano de 1549 é publicado na França um opúsculo de 48 folhas, no qual o poeta Joachim Du Bellay afirma, numa língua de ortografia ainda hesitante, as excelências de "toutes choses escrites en françois", equiparando o idioma vernáculo, enquanto instrumento literário, "aux langues savantes", grego e latim[2]. Texto exemplar, programa revolucionário do humanismo renascentista.

Neste mesmo ano de 1549, no arraial do Pereira, na Bahia de Todos os Santos, desembarcaram da frota do primeiro governador geral do Brasil um corpo de oficiais administrativos, 200 regulares de tropa, 320 artesãos, 300 colonos, 400 degredados. E seis missionários jesuítas, chefiados pelo Padre Manuel da Nóbrega: nossos primeiros professores de gramática e letras. Esses homens vinham pôr em prática a

---

2) Joachim du Bellay. *Deffense et Illustration de la Langue Française*. *OEuvres Choisies*. Paris, Larousse, 1935, p. 9.

nova política colonizadora estabelecida por El-Rei Dom João III nos Regimentos de 17 de dezembro de 1548: defesa do litoral, policiamento interno da colônia, fundação de núcleos estáveis e fortificados de colonizadores. A presença dos seis jesuítas devia confirmar aquilo que, nas palavras do rei, era a razão de ser do projeto de ocupação do solo brasileiro: "A principal causa que me moveo a mandar povoar as ditas terras do Brasil foi para que a gemte dela se convertesse à nossa santa fee catolica"[3].

A herança medieval

A Companhia de Jesus, fundada por Inácio de Loyola em 1534 e aprovada em 1540 pela bula *Regimini Militantis Ecclesiae* "assimilou", escreve Wilson Martins, "a orientação cultural do Renascimento na linha de uma empresa de sobrevivência medieval: a Contra-Reforma tinha de ser, no século XVI, um projeto anti-Renascentista"[4]. A própria cultura portuguesa, após meio século de

---

3) "Regimentos de 17 de dezembro de 1548", citados por Carlos Malheiros Dias e outros. In: *História da Colonização Portuguesa no Brasil*. Portugal, Litografia Nacional, 1981, p. 347.
4) Wilson Martins. *História da Inteligência Brasileira*. V. I (1550-1794), São Paulo, Cultrix/Edusp, 1977-78, p. 14.

expansão, experimenta, na época, um retrocesso, de que a censura é um indicador: Gil Vicente, Sá de Miranda, João de Barros são proibidos ou têm seus trabalhos "corrigidos". O sistema escolar em vigor, sobre o qual seria calcado o ensino brasileiro, compreende, então, algumas poucas escolas de "leer e escrever"[5], destinadas a meninos do sexo masculino, e os "estudos secundários" nas "eschollas de grammatica", que se restringiam ao ensino da morfologia e sintaxe latinas. O Colégio das Artes da Universidade de Coimbra, a tentativa mais ambiciosa de incluir o país no circuito da grande reforma intelectual européia no período do Renascimento[6] e que poderia vir a ser o equivalente do Collège de France em Portugal, era entregue, em 1555, aos padres jesuítas.

Seria, entretanto, simplista considerar o ensino da Companhia de Jesus apenas um anacronismo no interior das formas progressistas do Renascimento: surgindo das contradições da época, da tentativa de oposição às três Igrejas nascidas da Reforma, a ideologia tridentina exerce, no campo da organização do saber, um papel ambíguo, cuja função reacionária aparece nitidamente na oposição à ciência moderna, mas que

---

5) Havia, em 1550, cerca de 60 em todo o reino; destas, 34 funcionavam em Lisboa, capital do país, com cerca de 50 mil habitantes. Cf. Dom Antônio da Costa. *História da Instrução Popular em Portugal*. Porto, Figueirinhas, 1906, p. 332.
6) Martins, op. cit., p. 23.

consegue, paradoxalmente, salvar, através do *Ratio Studiorum*, uma forma de humanismo, no momento em que a unidade espiritual do Ocidente se quebra e a função do latim como língua internacional começa a enfraquecer[7]. É entre os jesuítas, um século mais tarde, que se encontram as forças que perpetuam o espírito barroco. E a importância da Companhia de Jesus aparece mais uma vez quando se recorda que é a partir de e contra o espaço pedagógico por ela criado, e ainda atuante no século XX, que reflete e cria o mais revolucionário dos autores do século: James Joyce.

No Brasil, entretanto, à Companhia vai deixar sobretudo a marca de seu aspecto passadista, criando um contexto pedagógico de cunho medieval, calcado na doutrina das sete artes liberais.

As artes liberais

Uma das peças centrais da ideologia tridentina deita raízes na Antigüidade Clássica, mas encontra sua formulação definitiva nos primeiros séculos da Idade Média: o *Septenium*. Organizado em dois grandes blocos (o *Trivium*: Gramática, Dialética,

---

7) Cf. Otto Maria Carpeaux. *História da Literatura Ocidental*. V. I, Rio de Janeiro, O Cruzeiro, 1959, p. 666 e seg.

Retórica; o *Quadrivium*: Música, Aritmética, Geometria, Astronomia), o conjunto das *artes liberales* circunscreve, dividindo-o e hierarquizando-o, o universo do conhecimento e da linguagem, impondo uma ordem da razão e um ensino que é, em suma, um ensino de classe. O *Septenium*, com efeito, não apenas separa as artes da linguagem e pensamento das artes do número, como expulsa do círculo da teorização os "ofícios mecânicos" — como a pintura, a escultura — por não serem dignos do "homem livre". As artes liberais são artes nobres.

Um curioso texto do século VI, do pagão africano Martianus Capella, apresenta o *Septenium* através de uma alegoria muito ao gosto da Idade Média e que ainda será retomada por alguns pintores do Renascimento: as *Núpcias de Mercúrio com a Filologia*[8], que o próprio Leibniz projetou reeditar. Destaquemos, das longas descrições deste poema de difícil leitura, duas figuras exemplares que, desde então, subsistem no pórtico do ensino da língua e do texto até, pelo menos, o século XVIII: *Rhetorica* e *Grammatica*.

No poema de Capella, *Philologia*, virgem sábia, recebe como presente de núpcias as artes

---

8) Cf. Roland Barthes. "La Rhétorique Ancienne". In: *Communications*, 16. Paris, Seuil, 1970; E. R. Curtius. *Literatura Européia e Idade Média Latina*. Rio de Janeiro, I.N.L., 1957; Paul Zumthor. "Rhétorique et Poétique". In: *Langue, Texte, Enigme*. Paris, Seuil, 1975.

liberais, cada uma delas identificada, segundo o costume da alegoria medieval, por seus atributos. *Grammatica* é uma velha senhora, grega de origem, envergando sóbrias vestimentas romanas; num cofrezinho de marfim guarda a faca e a lima com que há de corrigir os erros de linguagem. *Rhetorica* é uma bela mulher; suas roupas são ornadas com figuras e detém as armas destinadas a ferir seus adversários. Correção gramatical *mais* cuidados de estilo: é uma concepção das *belas letras* e toda uma visão escolar do discurso literário que se elaboram no espaço deste *mais* que é, como se verá, o lugar de um equívoco e de um vazio.

A Gramática, *intellectus poetarum*, é a *prim'arte* de que fala Dante no *Paradiso* (12, 138): o fundamento do edifício das artes liberais. Primitivamente arte de ler e escrever (em Platão e ainda em Aristóteles), já no período helenístico, assume a tarefa de cuidar do uso correto da língua e da explicação dos poetas: velar pela norma e pelos clássicos, missão que a escola burguesa entregaria, alguns séculos depois, ao professor de literatura. Sabe-se, aliás, que o *litteratus* não é, na origem, um produtor de textos, mas o conhecedor de *litteratura*: um *lettré*.

A teoria gramatical que informa o *Trivium* provém de Quintiliano[9], que viveu no século I a.C. Comportava dois aspectos: o conhecimento

---

9) *De Institutione Oratoria*, I. 4, 2, Paris, Les Belles Lettres, 1933-34.

do uso lingüístico correto (*recte loquendi scientia*) e a leitura explicada dos poetas (*poetarum enarratio*), compreendendo, pois, uma ciência da linguagem e uma ciência do fato literário[10].

Essa gramática estuda *uma* língua, que é *a* língua: o latim, sistema abstrato, grande estrutura fechada num espaço que dissolve a dialética da situação de comunicação. As regras que presidem à constituição da "boa linguagem" são exemplificadas por meio de fragmentos textuais, frases e sintagmas isolados; cortada da dinâmica da vida dos povos, a *língua* da *Grammatica* oculta a história e as condições de produção do discurso, permitindo instaurar a ficção de um idioma inocente, neutro, bem comum a todos, instrumento de comunicação colocado fora do social e acima dos conflitos: atemporal. Cria-se, na *Grammatica*, um espaço onde os textos se sucedem numa falsa ordem, que acaba por conceder o mesmo estatuto lingüístico a um verso de Horácio e a uma frase de Plauto: um e outro são bons para exemplificar um ablativo de preço ou um anacoluto, e pouco importa o intervalo de tempo que os separa ou a estrutura sócio-econômica que informa seus discursos.

É pouco provável que as línguas românicas tivessem sido objeto de ensino[11]; elas inspiram cuidados apenas como fatores que podem vir a

---

10) Aspectos *metódico e histórico* da Gramática, no texto de Quintiliano (I.O., 9, 1).
11) Cf. Zumthor, op. cit.

perturbar a ordem imutável do latim: a presença de qualquer elemento do idioma "vulgar" é imediatamente censurada — é um *barbarismo*, um *vício de linguagem* —, quer apareça na fonética, no léxico ou na sintaxe.

O material lingüístico com que trabalha a *Grammatica* provém de textos selecionados com fins didáticos, abrangendo autores cristãos e pagãos; os últimos, desde que expurgados ou "recuperados" como sábios ou até profetas. São os *autores*, isto é, autoridades científicas, fontes de saber e de conduta moral, cujo *canon* é constituído entre os séculos V e VIII. O mundo medieval ignora os gregos: autoridades são Terêncio, Virgílio, Horácio, Pérsio, Lucano... e os Padres da Igreja. A lâmina da censura amputa os antigos das passagens perigosas e a escola vem, assim, a constituir uma imensa antologia de versos *memorandos*, colecionados em ordem alfabética e destinados a fornecer exemplos de boa linguagem, mas também regras de conduta — particular, cívica, moral —, elaborando um quadro imaginário, uma espécie de matriz através da qual o estudante pode realizar uma dupla operação que assegura seu estatuto de homem e de cidadão: inscrever sua experiência num espaço dado previamente e retirar desse espaço sua própria "essência" de ser humano.

Mas nos encontramos, aqui, no espaço de intersecção entre *Grammatica* e *Rhetorica*; e é sintomático que a *teoria das figuras* seja incorporada ora por uma dessas disciplinas, ora por outra, ou pelas duas ao mesmo tempo, até que, finalmente, expulsa a Retórica do ensino, a pedagogia contemporânea a recupere como algo com que não consegue lidar muito bem, relegando-a, como apêndice, às últimas páginas das gramáticas escolares, sob a forma de um catálogo de figuras.

* * *

É através da vulgata medieval que o Ocidente herda da Antigüidade Clássica um imenso *corpus* de reflexões sobre o discurso: a Retórica. Trata-se de uma *tékhne*, isto é, de uma dinâmica, de um processo que visa a produção de um objeto: no caso, a palavra que persuade. Como *pratica social*, o aparelho retórico é uma

> técnica privilegiada (pois é preciso pagar para adquiri-la) que permite às classes dirigentes assegurar-se da propriedade da linguagem. Sendo a linguagem um poder, ditaram-se regras seletivas de acesso a esse poder, constituindo-o em pseudo-ciência, fechada "aos que não sabem falar", tributária de uma iniciação dispendiosa: nascida há 2.500 anos de processos de propriedade, a retórica esgota-se e morre na classe de "retórica", consagração iniciática da cultura burguesa[12].

---
12) Barthes, op. cit., p. 173.

Os tratados de *tékhne rhethoriké* de Aristóteles só adquirem significação no contexto mais amplo de uma teoria da produção do discurso persuasivo por meio de uma estruturação progressiva, cujo operador central é a verossimilhança (e não a busca da verdade, tarefa da Dialética ou Lógica): trata-se de encontrar os argumentos que comporão o discurso (*inventio*); de ordená-los (*dispositio*); de proceder a um trabalho sobre a forma (*elocutio*); de encenar a palavra (*actio*), recorrendo, quando necessário, a toda uma herança de estereótipos fixados culturalmente (*memória*).

Ora, no final da Idade Média, a Retórica já se via confinada ao domínio da pura *elocutio*, isto é, a uma espécie de teoria ou catálogo das figuras de estilo; e o espaço no qual ela se exerce não cessou, desde então, de diminuir, a ponto de abarcar, hoje, quase nada mais além de alguns nomes prestigiosos que ainda estrelam os modernos manuais de ensino de literatura: metáfora, metonímia e, mas nem sempre, sinédoque, hipérbole... Dois ou três figuras a mais, talvez. É muito pouco, se considerarmos o imenso território que era o seu, de direito, nos tempos de Fontanier, no século XIX.

Esse fenômeno histórico permitiu a Gérard Genette falar, num interessante artigo, em "restrição do campo retórico"[13]. Contudo, como

---

13) Gérard Genette. "La Rhétorique Restreinte". In: *Communications*, 16. Paris, Seuil, 1970.

demonstrou Pierre Kuentz, a velha disciplina clássica não se retraiu simplesmente, no tempo, à maneira de uma pele de onagro: seus elementos de dispersaram e se redistribuíram no interior das outras disciplinas do *Trivium*, num processo que está indissoluvelmente ligado à história do ensino da língua e do texto até, pelo menos, o século XVIII.

O espaço temporal que vai do fim da Antigüidade à Renascença é marcado, com efeito, por longos períodos em que uma das três disciplinas do *Trivium* — Grammatica, Rhetorica, Dialectica — prevalece sobre as outras, reorganizando o campo do saber: *Rhetorica* domina do século V ao VIII, para ceder em seguida seu lugar à *Grammatica*, que é substituída, do século XI ao XV, pela *Dialectica*. Esta última absorção se fará, como observa Pierre Kuentz[14], num contexto pedagógico: é primeiramente na obra de P. Ramus (1555) que *inventio* e *elocutio* serão deslocadas para o contexto da Lógica (*Dialectica*); e é na codificação do saber elaborada pelos solitários de Port Royal que se dará a ablação definitiva da Retórica, cujos processos não serão, na realidade, eliminados definitivamente: "recalcados"[15], contaminam a *démarche* da Dialética e, em última instância, da Gramática, disciplina que, no século XVII, já está inteiramente subordinada à Lógica.

---

14) Pierre Kuentz. "Le Rhétorique ou la Mise à l'Écart". In: *Communcations*, 16. Paris, Seuil, 1970.
15) Id., Ibid.

Entretanto, a doutrina do *Septenium* havia ressurgido no século XVI, num sistema em que as artes liberais se submetem ao domínio da *Rhetorica*. São os jesuítas os autores desta recodificação do conjunto saber, sob o império do discurso persuasivo e em oposição à ordem do conhecimento elaborada pela ciência renascentista.

A Organização e Plano de Estudos da Companhia de Jesus — *Ratio Studiorum* — é de 1586; em 1600 é adotada pela Universidade de Paris e logo invade os colégios europeus. É possível que sua força provenha, como assinala Roland Barthes, "da identidade, em sua ideologia, de uma disciplina escolar, de uma disciplina do pensamento e de uma disciplina da linguagem"[16]: a Retórica, matéria nobre, organiza e justifica um ensino de tipo humanista que dominará, durante séculos, a escola brasileira.

A Escola dos Jesuítas no Brasil

O plano de estudos organizados por Nóbrega para os Colégios que pretendia fundar na cadeia litorânea do Brasil evidencia que o primeiro projeto pedagógico da Companhia de Jesus visava a catequese e a formação de sacerdotes.

---

16) Barthes, op. cit.

Adquirida pelo convívio diário, a aprendizagem do português devia preceder o estudo das letras e do catecismo. Ocasionalmente, o ensino de canto orfeônico e de instrumentos musicais podia ser acrescentado como recurso para a catequese das aldeias vizinhas:

> Nesta casa, têm os meninos seus exercícios bem ordenados. Aprendem a ler e a escrever e vão muito avante; outros, a cantar e a tocar flauta. E outros, mamelucos, mais dextros, aprendem a gramática[17].

Terminados estes estudos elementares, nas "eschollas de leer e escrever", passava a grande maioria dos alunos para o aprendizado de ofícios mecânicos, pois, no dizer do Padre, "isto achamos ser nesta terra uma grande parte para a conversão destes infiéis". Só os "melhores" e "com inclinações para os estudos" eram levados para a classe de gramática latina; são os futuros sacerdotes:

> eu pretendia aos de maiores habilidades ensinar também latim e, depois de desbastados aqui um pouco, poderem em Espanha aprender letras e virtudes, para voltarem depois homens de confiança[18].

Os índios eram "educados" nas "eschollas

---

17) Manuel da Nóbrega, carta de 15 de julho de 1553. In: Serafim Leite. *Novas Cartas Jesuíticas*. São Paulo, Ed. Nacional, 1940, p. 45.
18) Id., Ibid.

de ler e escrever" através de catecismos jesuítas, que, na maioria das vezes, se resumiam em cantos religiosos, tanto em língua latina quanto portuguesa e, mais tarde, em tupi-guarani. Talvez usassem também as "cartinhas" portuguesas (cartilhas) para ajudar aos mais adiantados na leitura e na escrita. Quanto aos filhos dos colonizadores, eram educados em suas casas e provavelmente alfabetizados com as "cartinhas", trazidas com a mudança da família, importadas, ou levadas às suas casas pelos padres, que muitas vezes eram contratados pelas famílias para lecionar em seus lares.

Muito diferente, porém, era o panorama constatado por Fernão Cardim em sua visita ao Colégio da Bahia, em 1583, trinta anos depois da criação da primeira classe de latim no Colégio dos Meninos de Jesus, em São Vicente. A empresa jesuítica prosperara. Outras classes tinham sido abertas na Bahia, no Espírito Santo, em Pernambuco, em São Paulo. O Colégio do Rio de Janeiro é de 1567; viriam a seguir o do Pará, no Norte, e o da Colônia do Sacramento do Sul, no Rio da Prata.

O Colégio da Bahia, por ocasião da visita de Cardim, já oferecia "uma lição de Teologia, outra de casos, um curso de arte, duas classes de humanidades, escola de ler e escrever"[19].

---

19) Fernão Cardim. *Tratados da Terra e Gente do Brasil*. Rio de Janeiro, J. Leite e Cia., 1925, p. 287. O Colégio dispõe, como se vê, de curso "primário", "secundário" (humanidades), curso superior de Teologia (Dogmática e Moral). Foi neste Colégio que se formou o Pe. Antônio Vieira.

> Os padres têm aqui colégio novo quase acabado: é uma quadra formosa com boa capela, livraria, e alguns trinta cubículos: os mais deles têm as janelas para o mar. O edifício é todo de pedra e cal de ostra, que é tão boa como a pedra de Portugal. Os cubículos são grandes, os portais de pedra, as portas d'angelim, forradas de cedro; das janelas descobrimos grande parte da baía e vemos os cardumes de peixes e baleias andar saltando n'água, os navios estarem tão perto que quase ficam à fala. A igreja é capaz, bem cheia de ricos ornamentos de damasco branco e roxo, veludo verde e carmesim, todos com tela d'ouro[20].

Cardim pôde constatar que, quando o "sr. Governador veio à casa",

> os estudantes o receberam (...) recitando-lhe muitos epigramas; o Pe. Manuel de Barros lhe teve uma oração, cheia de muitos louvores, onde entraram todos os troncos e avoengos dos Monizes, com as maravilhas que têm feito na Índia, de que ficou muito satisfeito[21].

Referindo, adiante, sua visita ao Colégio de Olinda, comenta que

> os estudantes de humanidades, que são filhos dos principais da terra, indo o Pe. à sua classe, o receberam com um breve

---

20) Id., ibid., p. 288.
21) Id., ibid., p. 287.

diálogo, boa música, tangendo e dançando muito bem; porque se prezam os pais de saberem eles esta arte. O mestre fez uma oração em latim[22].

Já existe então uma escola brasileira.

A pedagogia do Ratio

O currículo escolar, no ensino jesuítico, abrange cinco classes: três de Gramática (ínfima, média e suprema), uma de Retórica e uma de Humanidades. Como as classes de Gramática se desdobravam, o currículo se estendia por seis ou sete anos. O latim era a disciplina central e os autores, os antigos, sobretudo Cícero, modelo de estilo:

> De modo especial conserve-se com rigor o costume de falar latim, exceto nas aulas em que os discípulos o ignoram, de modo que em tudo quanto se refere à aula nunca seja permitido o uso do idioma pátrio, dando-se nota desfavorável aos que forem negligentes neste ponto; por este mesmo motivo, o professor fale sempre em latim[23].

---

22) Id., ibid., p. 229-30.
23) "Ratio Studiorum". In: Leonel Franca (ed.). *O Método Pedagógico dos Jesuítas*. Rio de Janeiro, Agir, 1952, p. 164. Cf. *Ratio Studiorum Superiorum*. Romae, Apud Curiam Praepositi Generalis, 1941 (125, 126, §1).

Vimos que há uma dominante organizando o sistema pedagógico dos jesuítas e em função da qual as outras disciplinas — como a matemática, a geografia — ganham sentido e ocupam um lugar na dinâmica do saber. Esta dominante, no sentido de elemento que "governa, determina e transforma os outros elementos"[24], garantindo a coesão do todo, é também o fator que assegura a mobilidade do sistema, mas que, finalmente, provocará sua cristalização, evidenciando seu caráter anacrônico. É o que pode ser mostrado pela análise da prática pedagógica do "texto" na escola jesuítica.

Em todas as classes — de Retórica, Gramática ou Humanidades — o tempo era rigorosamente dividido: da primeira hora da manhã à segunda hora vespertina, o aluno era convocado a se ocupar, repetindo a lição do dia anterior, recebendo exercícios corrigidos, submetendo-se à *praelectio*.

É este um exercício central no contexto da pedagogia jesuítica. "Na preleção — adverte o *Ratio*[25] —, só se expliquem os autores antigos, de modo algum os modernos". Esta "explicação", em Gramática, comporta o estudo do sistema lingüístico segundo regras que a ele preexistem e pressupõem uma forma de hermenêutica: o texto encerra um sentido

---

24) Roman Jakobson. "La Dominante". In: *Questions de Poétique*. Paris, Seuiel, 1973.
25) *Ration Studiorum*, op. cit., p. 186.

que deve ser buscado com a ajuda do professor. O discurso "literário", nesta perspectiva, não se constrói na dinâmica do tempo ou na dialética da comunicação: é imóvel, pois sustentado por uma verdade eterna. A prática do escrito conduz, via paráfrase, à produção de um novo texto pelo estudante: um texto *conforme*.

A retórica domina o sistema, o que pode parecer paradoxal: a arte da palavra verossímil organiza uma pedagogia que pretende levar o estudante às verdades imóveis. Mas este paradoxo, que é uma das razões do esgotamento do ensino jesuítico, explica-se por seus objetivos. Trata-se, como observa J.C. Chevalier[26], de

> desarmar o racionalismo científico, fonte de irreligião, transformando-o em problemas solucionáveis em termos lógicos e psicológicos, isto é, teológicos; (e de) assegurar aos alunos um domínio sobre aqueles que se dedicam às ciências e às técnicas, reservando-lhes a chave dos códigos (lingüístico, retórico).

Este ensino, a partir de certo momento histórico, já não corresponderia às necessidades da burguesia emergente e estava destinado a desaparecer. Contudo, a Retórica só foi eliminada dos liceus franceses em 1902. E é sob o nome de *Retórica e Poética* que o

---

26) Jean-Claude Chevalier. "La Pédagogie des Jesuites". In: *Littérature*. 7, 1972, p. 127.

ensino da literatura faz sua entrada na escola brasileira, no século XIX.

A gramática medieval e os estudos praticados na escola jesuítica ignoravam quase totalmente — a não ser para censurá-las — as línguas "vulgares", instrumento real de comunicação; o que, como se sabe, a revolução burguesa viria modificar em profundidade. Parece, entretanto, ter havido apenas a substituição de uma abstração por outra: a escola moderna soube criar a ficção do *idioma pátrio*, linguagem comum a todos os falantes de um mesmo país, neutra, inocente e elaborada a partir do *corpus* da "literatura nacional".

Não é possível, naturalmente, equiparar esta nova ciência gramatical a uma "arte" da Idade Média: outros são os mecanismos que a fazem funcionar e outro é o alvo que se visa. Trata-se, no momento em que a escola se abre a camadas cada vez maiores da população, de prover uma determinada classe de uma língua que seja a "boa língua" — uma aprendizagem hierarquizada e seletiva concederá a cada classe o nível lingüístico *que lhe é necessário*[27]. E é sintomático que a multiplicação das escolas públicas tenha expulsado dos currículos o curso de Retórica, isto é, a disciplina que, segundo Barthes, fornecia às classes dirigentes uma técnica privilegiada que lhe permitia "assegurar-se da propriedade da linguagem".

---

27) Cf. Vernier, op. cit., p. 67 e seg.

AS OBRIGATÓRIAS METÁFORAS[1]

---
1) *Leitura: Teoria e Prática*. Ano 4, jun. 1985, n. 5, A.L.B.

Os oficiais da corte abafaram os aplausos do porquinho da Índia.

Quem não for capaz de identificar a figura ou tropo contido nessa passagem de *Alice no País das Maravilhas*, leia a continuação do relato de Lewis Carroll:

> Os oficiais da corte tinham um grande saco de tecido, cuja entrada se fechava com a ajuda de cordões; no saco introduziram primeiro a cabeça, depois todo o corpo do porquinho. E sentaram-se em cima.
> Alice rejubilou-se: Li muitas vezes nos jornais, depois das resenhas de um processo: houve tentativas de aplausos, que foram imediatamente abafados pelo oficial da corte.
> Hoje, finalmente, consegui entender o que significa essa expressão[2].

---

2) Here one of the guinea-pigs cheered, and was immediately suppressed by the officers of the court. At is rather a hard word, I will explain to you how it was done. They had a large canvas bag, which tied up at the mouth with strings, into this they slipped the guinea-pig, head first, and then sat upon it. "I'm glad I've seen that done", thought Alice. "I've so often read in the newspapers, at the end of trials, 'There was some attempt at applause, which was immediately

Se, de acordo com as definições tradicionais, figura ou tropo é translação, transporte, mudança, modificação, substituição do "sentido próprio" de uma palavra, ou grupo de palavras, por um sentido "figurado", podemos esquecer o exercício acima proposto e ficar na boa companhia de Lewis Carroll.

Contudo, menos felizes que nós — leitores e personagem —, o aluno da escola de $2^{\underline{o}}$ grau continua a ser submetido, em certo momento de sua aprendizagem da língua, à tarefa de desalojar as figuras escondidas nos discursos. O livro didático lhe apresenta, então, um elenco de frases, colhidas nos bons autores, antigos e modernos; nesses fragmentos, é chamado a localizar metáforas, sinédoques, catacreses, alegorias, metonímias. Por exemplo:

> Identifique a figura: "Como você vê, fazer uniforme Santista é sopa".
> No sintagma "uma palavra branca e fria", encontramos a figura denominada...

No ensino, e nos manuais, a teoria das figuras ocupa um lugar estratégico: imediatamente depois da apresentação das questões básicas de gramática (ortografia, morfologia, sintaxe...) e antes da introdução

---

suppressed by the officers of the court', and I never understood what it meant till now. (Lewis Carroll. *Alice's adventures in Wonderland*. Ed. bilíngüe. Paris, Flammarion, 1970, p. 262.)

dos conceitos gerais de literatura. Supõe-se que deva constituir uma transição ou ponte; na realidade, a cavalo entre dois tipos de discursos heterogêneos, esse fragmento da antiga retórica desvela sua atopia em relação ao conjunto das "ciências da linguagem"; atopia que procede de uma seqüência de deslocamentos e transformações ocorridas com uma disciplina que, no mundo greco-romano e na Idade Média, bem ou mal, tinha seu lugar assegurado na codificação do saber. O desconforto que sentimos, nós professores e alunos, no trato com as "figuras", procede talvez daí: lidamos com um retalho da cultura clássica integrado à força (e às vezes com apelo a uma terminologia lingüística) a uma nova prática social da comunicação. Voltarei ao assunto. Antes, porém, acredito que não seria inútil proceder a uma pequena revisão histórica do problema.

Os textos que Platão e Aristóteles consagraram ao estudo da Retórica têm um sentido político: dizem respeito aos perigos e ao poder da palavra, num momento em que a sociedade grega passa por grandes transformações. Não interessa ao nosso propósito discutir as diferenças de posicionamento entre os dois filósofos; digamos, para simplificar brutalmente, que, entre gregos e romanos da República, a questão concerne diretamente à Pólis.

A Retórica é uma arte (no sentido grego: *tékhne*) que se ensina e que é importante para a sobrevivência das instituições. Com a queda das cidades-estados e o fim da República Romana, ela perde sua razão (ideológica) de ser: transforma-se em tarefa "escolar", no sentido pejorativo do termo. Desaparece da realidade política, sai da assembléia popular e do senado para constituir-se em malabarismo verbal[3]. Uma personagem de Petrônio — e sua fala, embora satirizada, simboliza a queixa de toda uma oposição sob os césares — exclama, na abertura do *Satiricon*: "Retores, vós matastes a eloqüência. Reduzindo-a a uma música vã e vazia, a jogos de palavras ridículos, fizestes do discurso um corpo sem força e sem vida"[4].

No fim da Antigüidade, o aparelho retórico já estava minuciosamente codificado a partir, sobretudo, dos tratados de Aristóteles (*Tékhne Rhetoriké*), Cícero (*Orator, De Oratore, Brutus*) e Quintiliano (*Institutio Oratoria*). Trata-se de uma *tékhne,* palavra cuja significação é muito mais ampla que a de *arte*: as operações da tékhne situam-se além da *empeiría* e aquém da *episthéme*; apresentam, pois, uma certa formalidade de ciência, mas numa explicação causal de ordem prática. É, para Aristóteles, "a faculdade (dýnamis) de considerar teoricamente, em cada passo, o que é possível fazer para persuadir" (*Arte Retórica*,

---

3) Cf. E. R. Curtius. *Literatura Européia e Idade Média Latina*. Rio de Janeiro, INL, 1957; Ch. S. Baldwin. *Medieval Rhetoric and Poetic (to 1400) Interpreted from Representative Works*. Gloucester, Peter Simith, 1959.
4) Petronius. *Satiricon*. Paris, Belles Lettres, 1970, p. 2.

A, I, 1355b, 25)[5]. Compreende cinco operações básicas: *inventio, dispositio, elocutio, actio, memoria*.

Se o discurso visa a tornar aceitável uma proposição ou causa, é fundamental que o orador encontre argumentos, aplicáveis a diferentes casos e dirigidos à razão ou ao coração do ouvinte. A essa operação, os gregos davam o nome de *éuresis*, descoberta. Mas é sob sua forma latina que se tornou conhecida no ocidente cristão: *inventio*. Traduzir o termo por *invenção* seria um contra-senso, pois a noção é "extrativa": trabalha-se com um material já existente e com ele se tece a rede de provas, que pode ser de ordem lógica ou emocional[6].

Os argumentos devem ser arranjados numa "boa ordem"; e é esse o sentido primeiro do termo grego que designa a segunda operação: *táxis*. A arquitetura do discurso é codificada com certo rigor: a exposição dos fatos, a *via argumentorum* e a refutação do adversário (nesta seqüência), devem ser precedidas por uma abertura protocolar e apresentar um belo fecho. Com a racionalidade que ainda hoje exigimos de nossos alunos (e de nós mesmos).

A matéria, assim dividida, recebe o

---

5) Aristóteles. *Retórica*, ed. bilíngüe. Madrid, Instituto de Estudos Políticos, 1971.
6) Cf. Roland Barthes, "L'Ancienne Rhétorique". In: *Communications*, 16. Paris, Seuil, 1970, p. 198.

tratamento estilístico necessário a toda exposição escrita: é a *léxis* ou *elocutio*, que nos ensina a escolher judiciosamente as palavras, orientando-nos quanto às espécies de estilos e nos ajudando no trato com as figuras. Na maioria dos tratados, predomina a idéia de que o discurso deve ser *ornado*: as sentenças precisam ser "iluminadas", como dizia Cícero, com aquelas mudanças de significação a que os gregos davam o nome de "tropos" e com as construções de pensamento e expressões chamadas figuras, *skhémata*[7].

* * *

Há alguns anos, Gérard Genette[8] chamava nossa atenção para a ênfase dada pelos estudos modernos — quase todos de inspiração lingüística — ao funcionamento de duas figuras privilegiadas: metáfora e metonímia. Tudo se teria passado como se, a partir do início da Idade Média, o campo da antiga retórica tivesse começado a se *restringir*: o sistema engenhosamente edificado perde *actio* e *memoria*, em função da importância dada à palavra escrita, e a teoria da argumentação (proveniente da *inventio*) é, por sua própria natureza, assimilada à Lógica ou Dialética. A *dispositio* é recuperada pela Gramática (ou fica,

---

7) Cf. Cícero, Brutus, XVI.
8) G. Genette. "La Rhétorique Restreinte". In: *Communications*, 16, op. cit.

como atualmente, no campo dos estudos literários). À Retórica sobraria a *elocutio*: classificação e modos de uso das figuras ou "ornamentos do discurso".

O *Trivium* (Gramática/Retórica/Dialética) parece ter-se constituído, entretanto, de forma muito mais complexa. Os "deslocamentos" e transformações a que Genette faz referência não são inocentes. "Desmantelada", como observa Pierre Kuentz[9], a velha retórica é assimilada, como fragmento e progressivamente, por outros setores do saber. Nesse movimento, a "retórica" deixa de existir, e a nova disciplina é "contaminada pelo 'retórico'", e isso de um modo que poderíamos chamar de "perverso", a partir de uma metáfora psicanalítica utilizada por Kuentz para explicar um processo que recorda o "retour du réfoulé".

Ora, na década de sessenta, assistimos a uma dessas "voltas", cujos efeitos se fazem sentir em setores acadêmicos e cujos ecos aparecem nos livros didáticos.

O ponto de partida foi dado pela tradução, para o francês, de um ensaio de Roman Jakobson, de 1956[10], ao qual se seguiram

---

9) Pierre Kuentz. "La Rhétorique ou la Mise à l'Écart". In: *Communications*, 16, op. cit. Ver, do mesmo autor: "L'Enjeu des Rhétoriques". In: *Littérature*, 18, maio de 1975 e "Rhétorique Générale ou Rhétorique Théorique?". In: *Littérature*, 4, dezembro 1971.

10) Roman Jakobson. "Deux Aspects du Langage et Deux Types d'Aphasie". In: *Eléments de Linguistique Générale*. Paris, Minuit, 1963.

inúmeros trabalhos, entre os quais é preciso citar o excelente "A retórica antiga", de Roland Barthes, e muita tentativa frustrada de tabular o sistema das figuras e tropos segundo critérios provenientes do saber lingüístico então disponível.

O hoje clássico ensaio de Jakobson vincula o estudo da metáfora e da metonímia a uma descrição saussuriana (segundo dois eixos: paradigmático e sintagmático) da linguagem, articulando a metáfora à seleção e a metonímia à combinação de sintagmas. O autor parte, em seguida, para a extensão desses conceitos ao campo da semiótica (cinema, pintura...) e acaba por desembocar numa espécie de teoria do conhecimento. Sim, pois articula o mundo, através da linguagem, que o daria a conhecer, às leis da analogia e da associação por contigüidade... É somente sob este aspecto de sua história que se pode falar em "restrição" do campo retórico: o sistema se desfaz no começo da Idade Média, confina-se ao setor de uma teoria das figuras e se reduz ao espaço dominado pela Metáfora/Metonímia.

Quase simultaneamente à releitura de Jakobson, apareceu na França uma nova edição de um velho tratado de retórica: o *Manual Clássico para o Estudo dos Tropos*, de Pierre Fontanier. Com o novo título de *As Figuras do Discurso*[11], o livro mereceu um prefácio de Gérard Genette, provocando

---

11) Pierre Fontanier. *Les Figures du Discours*. Paris, Flammarion, 1968.

imediatamente artigos e ensaios de lingüistas e teóricos da Literatura.

O manual de Fontanier, inicialmente dedicado a alunos "secundaristas" da França do século XIX, constitui o último estudo importante das figuras do discurso. Com uma lógica impecável, reelabora a classificação da linguagem "figurada", retomando e sistematizando a herança dos antigos taxinomistas (Cícero, Quintiliano, Dumarsais...). E o todo é presidido por uma teoria da linguagem que pode ser posta em questão, mas extremamente coerente.

* * *

A chave, na classificação de Fontanier, é a noção de *desvio,* que encontramos em todo livro didático que trata do assunto; basta abrir um deles, ao acaso: "figuras são desvios..."; "...as figuras caracterizam-se por modificações no sentido das palavras..."; "o desvio confere força expressiva e novidade". Em relação a que, entretanto, se processa esse desvio?

Em geral, fala-se de um desvio entre *figurado e usual*: aquela "linguagem iluminada" de Cícero obteria suas claridades graças a uma comparação com a língua quotidiana, mais simples. Fontanier, entretanto, não cairá nessa armadilha tão fácil de ser desmontada (e as figuras que se fazem na feira? perguntaria Dumarsais); para ele, como nos esclarece um comentário de G. Genette, "o figurado só existe na medida em que se opõe ao literal (...). O tropo forçado, ou catacrese, do tipo 'ferrar com prata', é tropo na medida em que a palavra *ferrar* é tomada num sentido desviado ou extensivo; mas não é figura, porque não resulta da escolha de um elemento desviado em lugar de (de preferência a) outro, como quando se escreve 'chama' por 'amor', uma vez que no caso de 'ferrar com prata' o próprio não existe"[12].

O que sustenta, pois, a teoria das figuras, nos velhos manuais de retórica, é a crença numa *norma lingüística*, apoiada, por sua vez, na afirmação da dicotomia linguagem/pensamento. Num sistema dessa natureza, a figura terá que ser definida em relação à não-figura quando, na obra, ela brota de um universo rítmico e sintático, do qual só pode ser destacada por ficção, como observa Meschonnic[13]; uma cômoda ficção que nos permite constituir, no manual didático, insustentáveis constelações de metáforas mortas[14].

* * *

Lidamos com um fragmento de uma

---

12) Gérard Genette. "La Rhétorique des Figures", introdução à edição citada de *Les Figures du Discours*.
13) Henri Meschonnic. *Pour la Poétique*. Paris, Gallimard, 1970, p. 105-6.
14) Da mesma forma, deriva dos velhos tratadistas a famosa divisão: *figuras de linguagem, de construção e de pensamento*, fundada na separação entre linguagem e pensamento e apoiada na dicotomia forma/fundo.

disciplina que antigamente era definida pela totalidade de operações que a compunham: "uma técnica privilegiada (uma vez que era preciso pagar para adquiri-la) que permite às classes dirigentes assegurar-se da *propriedade da palavra*. Sendo a linguagem um poder, ditaram-se regras seletivas de acesso a esse poder, constituindo-o como pseudo-ciência, fechado 'àqueles que não sabem falar', tributário de uma iniciação dispendiosa; nascido há 2.500 anos de processos de propriedade, a Retórica se esgota e morre na classe de 'retórica', consagração iniciática da cultura burguesa"[15].

A essas classes — último ano de escolaridade média na França do século XIX — destinavam-se os velhos manuais de Retórica. Com a progressiva "democratização" das escolas, a disciplina é expulsa do currículo, para ressurgir, como no Brasil dos nossos dias, num inquietante vazio entre Gramática e Literatura.

Mas parece que todo o ensino (o tradicional e, muitas vezes, o renovado lingüisticamente) continua contaminado pelo sistema desarticulado da velha Retórica. A "lógica" de nossa gramática provém de uma dialética contagiada pela *inventio*. Da *dispositio* procede a arquitetura do discurso que tentamos ensinar a nós mesmos e aos nossos alunos, assim como a distinção entre *narratio* e *descriptio*. Tudo isso é retórica que não ousa dizer seu nome.

---

15) Roland Barthes, art. cit., p. 173.

A BOA COMUNICAÇÃO[1]

---
1) *Leitura: Teoria e Prática*. Ano 3, jul. 1984, n. 3, A.L.B.

O manual de ensino de língua e literatura procura se atualizar. E eis que lança mão — de modo, às vezes, ainda discreto — de noções, conceitos e esquemas que procedem da lingüística contemporânea, e até mesmo da semiologia. É verdade que nem sempre se trata da última palavra no campo dessas ciências: o texto didático permanece com prudência sob a tutela de um Saussure ou de um Jakobson; menos freqüentemente, de um Chomsky. Os "mestres", aliás, poucas vezes são nomeados pelos autores dos livros; vocábulos e expressões como *língua* e *fala*, *código*, *estrutura profunda*, *enunciação*, *funções da linguagem*, parece que já foram integrados a um saber difuso e anônimo, surgindo no manual sob o aspecto de informações objetivas a respeito da língua e de seu funcionamento: como se não procedessem de universos teóricos diferentes, e até conflitantes. O que se pressupõe é a existência de *uma* lingüística e de *uma* semiologia; de *uma ciência da linguagem*, já constituída e capaz de engendrar um aparelho conceitual cuja validade não se contesta, cujos limites não são interrogados. À maioria dos manuais (há exceções...), ela fornece uma grade que se aplica mecanicamente ao estudo da língua e do "discurso literário"; uma grade composta de meia dúzia de conceitos que serve de máscara a uma abordagem normativa dos fenômenos de linguagem. É um dos fragmentos desta "vulgata" lingüístico-semiológica — o famoso esquema das Funções da Linguagem — que pretendo analisar neste artigo. Procedamos inicialmente a uma rápida revisão de sua história.

O ponto de partida é apresentado pelo próprio Roman Jakobson, no conhecido ensaio de 1960, *Lingüística e Poética*[2]. Trata-se do modelo triádico das funções da linguagem, proposto, nos anos trinta, pelo psicólogo austríaco Karl Bühler[3]. É um esquema em que o signo está correlacionado a três fatores básicos, presentes em todo ato de fala: o emissor, o receptor, o referente. Qualquer variação ocorrida num destes elementos provoca alteração correspondente no signo. Constitui-se, desta forma, um triângulo, em que três funções — expressiva, apelativa e representativa — apontam para três instâncias exteriores à língua: eu, tu, ele. É deste triângulo pronominal que Jakobson parece saltar diretamente para os seis fatores da

---

2) Roman Jakobson, "Linguistique et Poétique". In: *Essais de Linguistique Générale*. Paris, Seuil, 1963.
3) Cf. P.L. Garvin, "A Escola Lingüística de Praga". In: Archibald A. Hill, *Aspectos da Lingüística Moderna*. São Paulo, Cultrix, 1972.

comunicação verbal e as funções competentes: emotiva, conativa, referencial, poética, metalingüística e fática. Conhecemos todos o papel que este modelo deveria exercer na análise textual praticada nos anos 60. Mas é curioso notar que Jakobson, no famoso ensaio, omite um dos elos na história da formulação do esquema. Pois um avanço decisivo em relação a Bühler já havia sido feito, nos anos 30, por um dos membros do Círculo de Praga: Jan Mukarovsky.

Mukarovsky retoma a concepção de Bühler, que é fundamentalmente instrumentalista, e a relê no contexto das teorias do Formalismo Russo e particularmente na distinção entre linguagem de comunicação e linguagem poética. Na primeira, o sujeito se voltaria para a realidade exterior ao signo; na segunda, haveria um enfraquecimento da relação signo-realidade, transportando-se a primeiro plano o próprio signo. Compreende-se, portanto, que Mukarovsky, ao rediscutir o modelo de Bühler, num ensaio de 1938[4], limite sua validade ao campo do funcionamento da linguagem comunicativa. No discurso poético, em virtude do enfraquecimento da relação com a realidade, evidencia-se uma quarta função, oposta às três funções práticas: a função poética. E o esquema passaria a se constituir

---

4) Jan Mukarovsky, "A Denominação Poética e a Função Estética da Linguagem". In: Dionísio Toledo (org.). *Círculo Lingüístico de Praga: Estruturalismo e Semiologia*. Porto Alegre, Globo, 1978.

da seguinte maneira: Função expressiva, Função apelativa, Função representativa — Função estética. Não se trata de uma oposição binária, à moda greimasiana; a função estética, uma vez que procede de uma suspensão da correlação com a práxis, constitui a *negação dialética* e onipresente das funções práticas.

É claro que se pode contestar esta visão do funcionamento dos fenômenos estéticos. Pode-se mesmo supor que uma influência do idealismo kantiano não esteja ausente desta formulação: é problema cuja discussão reservamos aos filósofos. Interessa-nos, aqui, chamar a atenção para uma terceira etapa na história deste esquema.

Ignorando a proposta de Mukarovsky, o autor dos *Ensaios de Lingüística Geral* acrescenta três elementos ao modelo de comuni-cação elaborado por Bühler (mensagem, contato, código) e, conseqüentemente, levanta a existência de mais três funções: a poética, a fática, a metalingüística. A primeira, como se viu, foi elaborada no âmbito do Formalismo Russo e do Círculo de Praga, movimentos dos quais Jakobson participou ativamente. A segunda provém da antropologia, e a terceira, da lógica moderna. Mantém-se, pois, a concepção formalista do signo estético. Mas a nova esquematização expulsa do esquema anterior a tensão dialética que o sustentava. A dinâmica das funções passará, então, a ser explicada pelo conceito de *dominante*, que havia sido elaborado por Jakobson num ensaio de 1938:

> A dominante pode ser definida como o elemento focal de uma obra de arte; ela governa, determina e transforma os outros elementos. É ela que garante a coesão da estrutura[5].

No ensaio de 1960, Jakobson não retoma a discussão deste conceito; mas a leitura do texto mostra que, para ele, a dinâmica das funções é estabelecida graças à dominância de uma delas (Cf. p. 218 da edição citada). A mensagem não é um agregado ou soma de funções, uma das quais seria mais importante ou *predominaria* sobre as demais. Não existe função predominante para Jakobson; ele fala sempre em *dominante numa estrutura*: o elemento que governa, determina e transforma os outros elementos. Como aceitar, diante da riqueza desta tese, a banalidade dos exercícios que convidam o aluno a adivinhar "qual a função predominante" nesta ou naquela "mensagem"?

O modelo jakobsoniano, ao passar para o manual didático, é submetido a um processo de simplificação e de empobrecimento. Mas é exatamente em sua caricatura que podemos perceber claramente alguns dos problemas que

---

5) Roman Jakobson, "La Dominante". In: *Questions de Poétique*. Paris, Seuil, 1973.

existiam na própria formulação do esquema, de Bühler a Jakobson.

Vimos que, no modelo proposto por Bühler, a língua era considerada como um sistema de signos usado como *instrumento* de comunicação entre os homens, e que seu funcionamento dependeria da *correlação* entre signo e três fatores extralingüísticos. A palavra *correlação* recebe, neste contexto, uma significação precisa: trata-se de um conceito forjado no campo da fenomenologia, que visa a superação do empirismo e do positivismo, na medida em que procura "realçar a importância da situação ao se considerar o objeto de estudo"[6]. Note-se, porém, que os três fatores, assim como o próprio signo, são, nesta teoria, colocados como existentes *a priori*: o signo já está aí, em sua neutralidade, antes que o sujeito e o mundo — também eles preexistentes numa unidade sem fraturas — modulem o ato de fala. É difícil aceitar, depois de Nietzsche, Marx e Freud, essa concepção do sujeito, do mundo, da linguagem.

A Escola de Praga incorporou as idéias de Bühler. Mukarovsky tentou dialetizá-las, mas acabou por desembocar numa concepção idealista da linguagem poética, considerada no fechamento do signo sobre si mesmo: gesto de bruxo que deseja manter a ação da linguagem sobre o mundo e furtá-la, num setor privilegiado, a toda conexão com a práxis. Esta

---

6) P.L. Garvin, art. cit., p. 239.

visão do signo estético, mantida por Jakobson, é projetada num contexto inteiramente diverso, no famoso ensaio de 1960. Um contexto que é, em última análise, o da teoria da informação, no qual as "mensagens" transitam comodamente num vetor orientado da esquerda para a direita, de um "emissor" para um "receptor", através de um "canal" e graças a um "código". Todo defeito de comunicação é atribuído à existência de "ruídos" que podem ameaçar provisoriamente a "boa comunicação". Visão mecanicista da linguagem, perfeitamente adaptada, aliás, a uma concepção cartesiana do sujeito como transparência a si mesmo, separado do mundo (o "referente" *sobre o qual se fala*), a ele preexistindo e capaz de retê-lo numa mensagem, graças à utilização de um código também preexistente ao mundo e ao sujeito. Quanto ao sujeito "ouvinte", esse é pura passividade; cabe-lhe a tarefa, no processo de comunicação, de receber a mensagem já constituída e decodificá-la. Na situação de diálogo, inverte-se comodamente o esquema: o receptor torna-se emissor. Como observa Pierre Kuentz[7], este modelo pressupõe que toda comunicação é "a boa comunicação". Com ele, esvaziam-se as contradições, os conflitos, as tensões que constituem o sujeito (emissor ou receptor: numa verdadeira dinâmica da comunicação, estes termos quase

---

7) Pierre Kuentz, "Parole/Discours". In: *Langue Française*, n. 15, set. 1972.

já não têm sentido) e o signo. Oculta-se a atividade que torna as significações sejam fruto de um duro combate, travado na vida de cada um e, conseqüentemente, na vida das sociedades. Do ponto de vista do discurso literário, o modelo jakobsoniano reconduz[8] ao mito do *sujeito criador*, pedra de toque da crítica literária tradicional. E a própria noção de dominante pressupõe, como observa Kuentz[9], a *clôture*, o fechamento do texto sobre si mesmo, e a existência de uma verdade central imanente ao discurso. Compreende-se por que as instituições escolares assimilaram e incorporaram tão rapidamente esse modelo.

O manual didático e a escola de $2^{\underline{o}}$ grau passaram a utilizar a lingüística estrutural e sua herdeira, a semiologia francesa, no momento em que seus fundamentos começaram a ser questionados: a própria universidade, sempre tão atenta às modas, já se voltou para outros horizontes metodológicos e epistemológicos. O curioso, entretanto, é que esta assimilação de conceitos e noções se faça por intermédio de caricaturas e que o manual didático as incorpore simplesmente a uma visão historicista, normativa e mecanicista dos fenômenos da linguagem. Paciência: Vigotsky e Bakhtin já estão pedindo licença para entrar no livro escolar de ensino de literatura para o $2^{\underline{o}}$ grau.

---

8) Idem, p. 26.
9) Idem, p. 25.

O INSUSTENTÁVEL PRAZER DO TEXTO[1]

---

1) *Leitura: Teoria e Prática.* Ano 6, jun. 1987, n. 9, A.L.B.

I

— A noção de prazer está na moda; o prazer e o desejo (...). Creio que seria perigoso, para nós, aceitar a noção de prazer, que, segundo penso, já é falsa para o escritor, e ainda mais para o leitor: porque essa noção de prazer, no fundo, é a noção sobre a qual se baseia a crítica subjetivista, a crítica mais reacionária; é a noção que justifica tudo...[2].

A essas palavras, pronunciadas por Pierre Bourgeade, segue-se uma violenta altercação do orador com o romancista Jean Ricardou; o tom das vozes sobe; há acusações pessoais. O presidente da mesa é obrigado a intervir para impor a ordem. Quanto a nós, continuamos a assistir ao *Colóquio sobre a Situação da Literatura*, promovido, em 1975, pelo Centro de Estudos e Pesquisas Marxistas, e que reuniu, durante dois dias, cerca de 200

---

2) *Colloque sur la Situation de la Littérature, du Livre et des Écrivains*. Paris, Ed. Sociales, 1976, p. 114.

participantes: escritores, editores, livreiros, estudantes universitários...

Erguem-se as vozes, acirram-se os ânimos, somente porque se jogou sobre o tapete um problema... literário? Julgando, talvez, que tinha ido longe demais, Bourgeade, ao rever, para publicação, as notas estenográficas de suas palavras, acrescenta:

> ... devo, evidentemente, corrigir o caráter rude da opinião emitida sobre Barthes (...). Como se poderia contestar (em nome de quê?) o direito que tem Barthes de escrever e viver por prazer, se o prazer é seu móbil? E como negar o prazer que esses textos nos dão?[3]

A correção, simples impulso de *urbanitas*, não modifica substancialmente o ponto de vista de Bourgeade; antes, reforça seu conceito de prazer, assimilado à fruição hedonística e irresponsável da literatura. Mas o movimento da concessão revela, também, o alvo que é visado: Roland Barthes e seu então recente (1973) e já famoso *Le plaisir du texte*, cujas teses causam impacto, escandalizam um pouco e deslumbram bastante. Era a elas que se referia o orador, quando comentava:

— Creio que a noção de prazer é uma noção que devemos questionar, uma noção que devemos colocar sob a maior suspeita[4].

---

3) Ibid., p. 118.
4) Ibid., p. 115.

Bourgeade se exalta, nesse momento, contra os que vêem no texto, antes de tudo, a sedução do significante; sob esse jogo aparentemente fútil, pode estar escondido um pensamento reacionário e perigoso:

> ... um livro como *Bagatelle pour un massacre* (...) um livro infame; se alguém me diz: "esse livro me dá prazer", em nome de que contestaremos esse prazer, se dele fizemos um valor?
> (...)
> ... acredito que é profundamente escandaloso impingir um nome judeu, simplesmente, num romance, a um torturador que tortura uma mulher num subterrâneo...[5]

Assim, o leitor do *Colóquio sobre a situação da Literatura*, que se abandonava ao prazer de constatar que problemas de ordem literária podem suscitar paixões, é bruscamente chamado à razão. O debate, não nos enganemos, é político e ideológico; ele questiona universos de valores, e a *beleza* e o *prazer* como valores, opondo correntes de esquerda e direita. Evoca, para condená-la, uma prática lúdica da escritura, frente à palavra que, "transformando o homem, transforma o mundo". Aprendemos, portanto, que existe um risco em aceitar, ingenuamente, a noção de *prazer do texto*: ela procederia de uma crítica idealista e subjetivista; seria, em suma, uma

---

5) Ibid., p. 115-6.

noção *burguesa*, ligada a uma prática hedonística do objeto estético. Mas... o que opor a essa noção reacionária? A seriedade (Rimbaud: *ciência com paciência, / o suplício é certo*), o combate, o método? Existiria uma leitura engajada (como existe uma literatura engajada)?

Ora, a literatura, exclama Bourgeade, não é um fogo de artifício; ela é

> trabalho de destruição do que é; ela está em trabalho de gestação, em trabalho de parto do que será um mundo novo. Sua função final é a liberdade[6].

Contra a vertigem gozosa do significante, a palavra que liberta: na verdade, trata-se de um tema um pouco desgastado e o interesse dessa tese não está — e por isso a citamos longamente — em sua novidade, mas no fato de expor ao vivo posições já clássicas em torno do problema que nos interessa no momento: o prazer do texto. Sem dúvida, Roland Barthes estava consciente da inscrição de seu livro neste debate, resumido brilhantemente em poucas frases:

> Toda uma pequena mitologia tende a nos fazer crer que o prazer (e, singularmente, o prazer do texto) é uma noção de direita. À direita, despacha-se para a esquerda, no mesmo movimento, tudo o que é abstrato, tedioso, político, e

---

6) Ibid., p. 114.

guarda-se para si o prazer: sede bem-vindos entre nós, ó vós que chegais, enfim, ao prazer da literatura! E à esquerda, por moralismo (não se lembram dos charutos de Marx e de Brecht), desconfia-se de e olha-se com desprezo todo resíduo de hedonismo. À direita, o prazer é reivindicado *contra* a intelectualidade, a clericatura: é o velho mito reacionário do coração contra a cabeça, da sensação contra o raciocínio, da "vida" (quente) contra a "abstração" (fria). (...) À esquerda, opõe-se o conhecimento, o método, o engajamento, o combate, ao "simples deleite" (contudo: se o próprio conhecimento fosse *delicioso*?)[7].

Ao situar assim os *entours* ideológicos do texto, Barthes nos lembra que toda oposição absoluta e irredutível entre dois termos — no caso, prazer e trabalho, arte e conhecimento — é sempre, em última instância, metafísica. *Como se o prazer fosse coisa simples!* O prazer

> não é um *elemento* do texto, não é um resíduo ingênuo; ele não depende da lógica do entendimento e da sensação; é uma deriva, alguma coisa ao mesmo tempo revolucionária e associal, e que não pode ser assumida por nenhuma coletividade, nenhuma mentalidade, nenhum idioleto...[8]

---

7) Roland Barthes. *Le plaisir du texte*. Paris, Seuil, 1973, p. 38-9.
8) Id., ibid., p. 39.

A partir de outra perspectiva, claramente marxista, France Vernier afirma:

> Aceitar a alternativa imposta: arte e prazer ou conhecimento sem prazer é, quer se queira ou não, aceitar a idéia de que a arte seria um sucedâneo inadequado, inferior, de uma análise científica — isso, do ponto de vista do conhecimento — e, de outro lado, um prazer de luxo, desnecessário[9].

Esse equívoco reapareceu, nos últimos tempos, em contextos pedagógicos. Sob outra forma, entretanto: diante da resistência oposta pelos alunos à literatura, fala-se na necessidade de despertar o prazer pela leitura e sonha-se com a invenção de um instrumental metodológico capaz de gerar, na criança, o gosto pela palavra escrita.

(Ensinar o prazer... Penso aqui na "Máquina de gorjeios", pintada por Klee em 1922, que retoma, na caligrafia gestual e no impulso lúdico, um modo de ser de criança.)

Existiria, talvez, um texto capaz de gerar o prazer da leitura. Na escola, ele aparece, em geral, confrontado com outro tipo de discurso, árido, porém necessário e, em última instância, pedagógico-moralista. De um lado, portanto, a fantasia, a irresponsabilidade dos enredos

---

9) France Vernier. *L'Ecriture et les Textes.* Paris, Ed. Sociales, 1974, p. 42.

ficcionais, o deleite do significante; de outro lado, a ciência, o conhecimento técnico e rigoroso. Cada coisa no seu lugar. *Sede bem-vindos entre nós, ó vós que chegais, enfim, ao prazer da literatura*!

Retomamos o debate político-ideológico das nossas primeiras linhas. Há uma diferença, entretanto, e significativa: na escola, quem reivindica o *direito ao prazer do texto* são as correntes mais progressistas e mais — para usar o estereótipo — "à esquerda". Justamente aquelas que procuram inovar e transformar a rotina dos velhos métodos de leitura. E essas correntes vêem o prazer como fruição irresponsável de qualquer tipo de texto. (Devo apagar o adjetivo *irresponsável*?)

Chegamos ao paradoxo. Continuaremos perplexos, se não fizermos vir à tona alguns elementos recalcados ao longo desse debate e que, na escola, têm sido sistematicamente apagados quando se impõe a questão do prazer. Como falar *nisso*, que implica relação entre leitor e texto, se ainda não discutimos a própria noção de sujeito na sociedade capitalista? Se não nos perguntamos sobre o lugar ocupado, no mundo moderno, por esse conjunto de textos, aos quais nos habituamos a dar o nome de "literatura"?

Temos que pensar a "literatura", não em sua essência impossível, mas no movimento histórico que a "criou" para nós e a transforma continuamente, a partir do advento do mundo burguês. Pensar a literatura no confronto com os outros sistemas de signos; a literatura no jogo com os outros modos de produção de bens simbólicos, como a Indústria Cultural.

Por não levar em conta que o pensamento de Roland Barthes sobre desejo, prazer e gozo do texto se articula no cruzamento complexo dessas questões, a discussão escamoteia, fatalmente, as teses barthesianas, quando pensa que fala com ou contra elas.

II

O Prazer do Texto é uma coleção de aforismos: texto estilhaçado, fragmentado, oferecendo-se à leitura distraída, que pode escolher múltiplas portas para nele entrar. (O texto "caça" o leitor, diria Barthes, insistindo na metáfora sexual.) As dificuldades surgem quando tentamos, como costumávamos fazer na escola, "resumir suas idéias principais". Pois não se trata de um saber já constituído, mas de um conhecimento que se busca, junto com o leitor.

(O objetivo seria o prazer, o gozo comum do texto? De qualquer forma: o prazer não implica facilidade, ele é trabalho e procura e construção; o prazer da leitura não se separa do prazer da escritura. Quem escreve é o primeiro leitor de si próprio. A lâmina que separa leitura de escritura comete o pecado capital do idealismo.)

Já entramos em contato com este livro quando falamos dos *entours* ideológicos do texto. Os fragmentos que precedem esse ponto nevrálgico do discurso são marcados pela tentativa de esboçar a noção de prazer, cujos contornos vão se tornando mais claros à medida que se projetam sobre a noção de gozo; no terceiro fragmento já esbarramos (um pouco assustados?) com uma oposição binária, recolhida na separação-união da clássica barra. *Prazer/Gozo*. Estaríamos retomando o jogo das dicotomias estruturais? Mas Barthes parece querer exorcizar também este fantasma:

> *Prazer/Gozo* (...) haverá sempre uma margem de indecisão; a distinção não será fonte de classificações claras, o paradigma rangerá, o sentido será precário, revogável, reversível, o discurso será incompleto[10].

Infelizmente, para o leitor da edição brasileira, o sentido do livro ameaça se desfazer, aí na sua abertura: ao se traduzir, pudicamente, *jouissance* por *fruição*, apagaram-se a metáfora sexual e a necessária referência a Lacan, que começavam a construir, em sua oposição ao prazer, o sentido de *gozo do texto*.

Desejo, perversão, demanda, neurose; em apenas três páginas (11 a 13), as pistas de uma escuta psicanalítica se multiplicam e desembocam numa referência ao *prazer*

---
10) Barthes, op. cit., p. 10.

impossível, evocado num contexto em que se projeta a sombra do Marquês de Sade:

> Nem a cultura nem sua destruição são eróticas; é a falha de uma e de outra que se torna erótica. O prazer do texto é semelhante ao instante insustentável, impossível, puramente *romanesco*, que o libertino saboreia no final de uma maquinação audaciosa, cortando, no momento do gozo, a corda que o enforca[11].

Uma das referências básicas do livro é, portanto, Freud (via Lacan); a outra é a semanálise de J. Kristeva e seu conceito de texto da modernidade[12] como transgressão e de-construção do sujeito: ela surge nas entrelinhas, imediatamente depois de Sade, na referência às *Leis* do escritor Philippe Sollers:

> ... tudo é atacado, de-construído: os edifícios ideológicos, as solidariedades intelectuais, a separação dos idiomas e até a armadura sagrada da sintaxe (sujeito/predicado): a frase já não é modelo do texto; é freqüentemente um poderoso jato de palavras, uma fita de infra-linguagem...[13]

A distinção entre prazer e gozo passa por algumas referências necessárias: a história, o

---

11) Id., ibid., p. 15.
12) Conceito discutível, mas que não podemos discutir aqui.
13) Id., ibid., p. 16.

sujeito, a cultura. Texto do prazer: o sujeito que afirma, através do texto, no texto, a sua identidade absoluta, a sua inteireza. A ordenação clássica dos discursos. Gêneros, modos de escritura. Balzac, Zola. A voz (do escritor, do leitor) inscrita numa história pacificada, dizendo a plenitude da cultura e seu fechamento. "O prazer vem da cultura, não rompe com ela, está ligado a uma prática *confortável* da leitura" (p. 25; o itálico é do próprio Barthes). Texto que pode ser comentado, analisado; texto por excelência, da crítica e da escola; texto que parece construído, *ad hoc*, para a análise estrutural. Texto dos lingüistas, e dos filólogos, também.

O prazer me ancora num espaço e me dá a garantia de minha identidade; mas o *eu* se esvai na leitura/escritura do gozo: Lautréamont, Joyce, Bataille. O texto do gozo

> faz vacilar as bases históricas, culturais, psicológicas, do leitor, a consistência de seus gostos, de seus valores e de suas lembranças, põe em crise sua relação com a linguagem[14].

* * *

Em suas páginas finais, o texto faz uma

---
14) Id., ibid., p. 25-6.

alusão clara à busca de uma teoria materialista do sujeito, que Barthes submete a três estágios (pp. 97-8). Crítica das ilusões do sujeito imaginário. (A passagem refere-se, explicitamente, aos moralistas ou "moralistes" franceses, mas podemos, também, pensar em *La Nausée* de Sartre e sua desmontagem implacável do *salaud*.) A aceitação, em seguida, ou concomitante, da "cisão vertiginosa do sujeito". Sujeito: "pura alternância, a do zero e de seu apagamento". Finalmente, a generalização do sujeito (poderíamos pensar, aqui, no famoso "a poesia deve ser feita por todos", de Lautréamont?);

> e aqui, ainda, reencontra-se o texto, o prazer, o gozo.

Nesse desvio desponta um dos fantasmas prediletos do próprio texto barthesiano, uma de suas obsessões. O autor fecha o fragmento que acabamos de citar com uma citação de Nietzsche, o filósofo inventor de possibilidades de vida. A interpretação surge no horizonte da desaparição de sujeito:

> ... mas não se tem o direito de perguntar: *quem* é que interpreta? é a própria interpretação, forma da vontade de poder, que existe (não como um "ser", mas como um processo, um devir), enquanto paixão.

Enquanto paixão. Pode-se ensinar a paixão? Ou, colocando a questão de um modo menos delicado: que relação existiria entre a teoria barthesiana do prazer e do gozo e as instituições que se ocupam do texto?

> A teoria do texto postula, sim, o gozo, mas tem pouco futuro institucional: o que ela funda (...) é uma prática (a de escritor), nunca uma ciência, um método, uma pesquisa, uma pedagogia; em nome de seus próprios princípios, esta teoria só pode produzir teóricos ou praticantes ("scripteurs", "scriptores"), nunca especialistas (críticos, pesquisadores, professores, estudantes).[15]

III

Nossa pedagogia literária repousa ainda sobre um esquema que é, essencialmente, o do século XIX. Suas referências básicas: o sujeito, a cultura, a história pacificada. A literatura como museu imaginário, repertório de valores; "belas letras". É difícil tocar no problema da "pedagogia do texto" sem repensar esse contexto que não precisa ser abordado, forçosamente, de um ponto de vista barthesiano: *Le plaisir du texte* nos serviu, aqui, de pretexto para provocar o aparecimento de uma série de problemas que, se permanecerem recalcados, podem voltar à tona sob forma distorcida, e até mesmo *regressiva,*

---

15) Id., ibid., p. 95.

como acontece, às vezes, no debate escolar sobre o prazer do texto: acreditamos acompanhar uma reapresentação do velho dilema horaciano[16], com uma tomada de posição entusiasmada pelo *delectare*.

O que se perde nesse movimento é a consciência de estar aderindo a *uma* concepção de literatura, de texto, de sujeito, de leitura. A consciência de estar a serviço de forças políticas determinadas. A possibilidade de dizer, pelo menos, "não".

Quando o impasse — *os poetas querem agradar ou instruir?* — ressurgiu, no século XVII, em torno da *Jerusalém libertada*, os eruditos estavam conscientes das bases teóricas (políticas) que sustentavam a oposição entre racionalismo aristotélico e moralismo cristão. A escola "moderna" escolhe, entretanto, de olhos fechados, o incerto "prazer do texto". Contra o gozo, a perda, o medo. Aquém do próprio e *insustentável prazer do texto*:

> Era um cavalo todo feito em chamas
> alastrado de insânias esbraseadas;
> pelas tardes sem tempo ele surgia
> e lia a mesma página que eu lia.
>
> Depois lambia os signos e assoprava
> a luz intermitente, destronada,
> então a escuridão cobria o rei
> Nabucodonosor que eu ressonhei.

---

16) Horácio. *Ad Pisones*, vv. 333-4: Os poetas querem agradar ou instruir; / às vezes, agradar e instruir ao mesmo tempo.

Bem se sabia que ele não sabia
a lembrança do sonho subsistido
e transformado em musas sublevadas.

Bem se sabia: a noite que o cobria
era a insânia do rei já transformado
no cavalo de fogo que o seguia[17].

---

17) Jorge de Lima. *Invenção de Orfeu*. São Paulo, Círculo do
 Livro, s.d., p. 148.

OUTROS TÍTULOS DESTA EDITORA

BORGES À CONTRALUZ
Estela Canto

CATEDRAL EM OBRAS
Leda Tenório da Motta

O CONCEITO DE CRÍTICA DE ARTE
NO ROMANTISMO ALEMÃO
Walter Benjamin

CONTRE SAINTE-BEUVE
Marcel Proust

CONVERSA SOBRE A POESIA
Friedrich Schlegel

DIALETO DOS FRAGMENTOS
Friedrich Schlegel

A EDUCAÇÃO ESTÉTICA DO HOMEM
Friedrich Schiller

A FARMÁCIA DE PLATÃO
Jacques Derrida

O LABORATÓRIO DO ESCRITOR
Ricardo Piglia

LAOCOONTE
OU SOBRE AS FRONTEIRAS DA
PINTURA E POESIA
G.E. Lessing

LER O LIVRO DO MUNDO
Márcio Seligmann-Silva

A LEITURA DO INTERVALO
João Alexandre Barbosa

A LIBÉLULA, A PITONISA
Teresa Cristófani Barreto

MEDITAÇÕES
Marco Aurélio

PARA SEGISMUNDO SPINA
Vários Autores

POESIA INGÊNUA E SENTIMENTAL
Friedrich Schiller

PÓLEN
Novalis

PREFÁCIO A SHAKESPEARE
Samuel Johnson

O SENTIDO DE ZEUS
Jaa Torrano

TEOGONIA
Hesíodo

OS TRABALHOS E OS DIAS
Hesíodo

VANGUARDAS ARGENTINAS
ANOS 20
Jorge Schwartz e May Lorenzo Alcalá (orgs.)

VANGUARDAS LATINO-AMERICANAS
Jorge Schwartz

VOZES E VISÕES
Rodrigo Garcia Lopes

Este livro terminou de
ser impresso no dia
29 de abril de 1999
nas oficinas da
Prol Editora Gráfica Ltda.,
em Diadema, São Paulo.